Substitua consumo por auto-estima

CRIS ZANETTI E FÊ RESENDE

# Substitua consumo por auto-estima

pa
ra
le
la

Copyright © 2019 by Cristina Zanetti e Fernanda Resende

A Editora Paralela é uma divisão da Editora Schwarcz S.A.

*Grafia atualizada segundo o Acordo Ortográfico da Língua Portuguesa de 1990, que entrou em vigor no Brasil em 2009.*

CAPA E PROJETO GRÁFICO Estúdio Claraboia

PREPARAÇÃO Marina Munhoz

REVISÃO Adriana Bairrada e Arlete Sousa

Dados Internacionais de Catalogação na Publicação (CIP)
(Câmara Brasileira do Livro, SP, Brasil)

Zanetti, Cris
    Substitua consumo por autoestima / Cris Zanetti e Fê
Resende. — 1ª ed. — São Paulo : Paralela, 2019.

    ISBN 978-85-8439-149-3

    1. Autoestima 2. Compras 3. Consumidores – Comportamento 4. Consumismo 5. Consumo 6. Moda – Estilo I. Resende, Fê. II. Título.

19-28938                                                CDD-391

Índice para catálogo sistemático:
1. Consumo : Moda e estilo de vestir : Costumes  391

Cibele Maria Dias – Bibliotecária – CRB-8/9427

[2019]
Todos os direitos desta edição reservados à
EDITORA SCHWARCZ S.A.
Rua Bandeira Paulista, 702, cj. 32
04532-002 — São Paulo — SP
Telefone: (11) 3707-3500
editoraparalela.com.br
atendimentoaoleitor@editoraparalela.com.br
facebook.com/editoraparalela
instagram.com/editoraparalela
twitter.com/editoraparalela

*Para o Zaguinha, que me ensinou que existe um tempo para fazer e um tempo para se desfazer — e que os dois são igualmente estimulantes!*

CRIS

*Para minha companheirinha Wendy, presença amorosa durante os anos de aprendizado e compartilhamento na Oficina de Estilo. <3*

FÊ

## DISCLAIMER DE LINGUAGEM

Se este é o seu primeiro contato com um conteúdo da Oficina de Estilo, ó, não se assusta: a gente escreve do mesmo jeitinho que fala! Linguagem pode facilitar o aconchego, e então, com todo mundo à vontade, a mensagem tem mais chance de colar, de render questionamento, tem até mais possibilidade de ganhar a experiência prática, nénão?

Dá esse voto de confiança pra gente, que o conteúdo vale a pena. :)

E seguimos juntas, sem apego a formalidades, mas bem conectadas com as ideias compartilhadas por aqui.

# Sumário

Prefácio — Erika Palomino **11**
Introdução **15**
A diferença entre consumo e consumismo **19**

QUANDO COMPRAR? *QUANDO PRECISAR* **25**

O QUE COMPRAR? *COISAS DE QUALIDADE* **65**

COMO COMPRAR? *COM PARCIMÔNIA* **109**

Conclusão **161**

*Agradecimentos* **165**
*Sobre as autoras* **167**

# Prefácio

*Erika Palomino*

A moda é um sistema que pode fazer a gente se sentir excluída, inadequada, desaplaudida, feia. Pode, mas não deve. Porque saber lidar com a moda, e com o vestir, e com o ato de comprar pode — e deve — ser uma experiência geradora de prazer, inclusão e pertencimento, engrandecedora de nossa autoestima. Com sua linguagem fácil e afetuosa, Cris e Fê fizeram escola no mercado brasileiro, falando direto com a gente, consumidora. Neste livro, vão além, com sugestões úteis até mesmo para fashionistas de carteirinha.

E sem clima de autoajuda ou aquele jeito de blogueira-perfeição. Elas são da vida real e avançam na linha consumo/consumismo para os novos tempos de consciência, também no vestir. Quero? Preciso? Posso?

Comprar uma roupa não é questão de mereci-
mento, elas confirmam. Merecer todo mundo
merece (ou deveria). Elas entendem também que
quem gosta de moda gosta de moda, que comprar uma roupa (ou uma bolsa, um sapato) passa pela paixão, pelo emocional e, muitas vezes,
pelo irracional. Porém, nos tempos de hoje, saber passar pelas armadilhas do varejo, da liquidação do que você nem queria, do "tá barato pra
caramba", é a grande sacada. E de sacada legal
este livro está cheio. De sair da loja para espe-
rar passar a fissura da compra e só voltar já com
a cabeça mais fria (a conta bancária agradece)
até a receita do desodorante para não estragar a
peça comprada com suor e com gosto, passando por documentários na internet pra gente se
ligar da real sobre o excesso de roupas no mundo, tá tudo aqui. A preocupação com o meio ambiente aparece, na busca pela procedência dos
produtos, por conhecer a maneira como eles são
feitos, de um jeito tranquilo e contemporâneo:
"todo esforço resulta em melhora na relação que
a gente tem com o consumo — não só pra gente, mas também pro mundo". Assim, elas liberam
até mesmo uma coisinha do fast-fashion. Sem
neurose. Afinal, quem nunca, né?

Já que a máxima "compro, logo existo" não funciona mais à luz da nova ordem da moda, o que não compramos é que nos define. Cris e Fê incentivam a gente a ser feliz com a moda, com nosso corpo e com nosso bolso. Isso sim é luxo.

# Introdução

Desde o lançamento do nosso primeiro livro, *Vista quem você é*, em 2013, a gente passou a conversar ainda mais sobre os questionamentos e os aprendizados deste nosso trabalho como consultoras de estilo. As conversas renderam outros dois e-books, escritos entre 2014 e 2016, que podem ser lidos tanto individualmente quanto em conjunto: *Como construir um guarda-roupa inteligente* e *O guia das doações: O que, onde e como doar*.

A gente aprende tanto quanto compartilha, e já há alguns anos o tema consumo consciente faz parte do nosso repertório diário de treinamento com clientes de consultoria. Cada trabalho rende uma nova experiência em relação a produtos, marcas, maneiras de cuidar do que é excesso, soluções pro descarte daquilo que não se usa mais

— em especial porque cada serumaninho é único/ tem uma relação única com suas coisas. Compreender que não existe um só parâmetro pra determinar a quantidade suficiente de roupas, ou quanto se precisa ter num armário, ou o que realmente tem utilidade pra uma ou pra outra mulher... tudo isso faz a gente pensar e repensar a ética e a sustentabilidade das escolhas que fazemos (e que orientamos nossas clientes a fazer).

A estrutura deste livro é bastante inspirada em *Regras da comida*, de Michael Pollan: nele, o autor dá orientações simples e objetivas pra se escolher o que comer, buscando descomplicar um tema tão desgastado por dietas controversas, alimentações restritivas disso ou daquilo, nutricionistas-estrela e palpiteiros profissionais nas redes sociais.

Nossos olhos brilharam com a possibilidade de produzir um "irmão" do *Regras da comida* pensado pra escolhas de vestir, raciocinando o consumo de roupas sob esse viés da descomplicação (sem esquecer que: comer > vestir). Nossa forma de consumir roupas também tá bem desregulada por uma série de maus hábitos que desconectaram nossas vontades das nossas necessidades, do que é bom pra gente. Pensar em como a gente consome moda do ponto de vista da ética é uma preocupação relativamente nova, e ninguém tem todas as respostas — ou mesmo *alguma* resposta definitiva. Então, pra puxar essa conversa — que ainda pode render tanto! —, a gente organizou um conjunto de regras aprendidas/exercitadas na nossa experiência prática, no dia a dia do nosso trabalho. Não são regras impostas de cima, cravadas na pedra e entregues ao povo: são, antes, parâmetros que podem ajudar a raciocinar o consumo, a necessidade, as vontades.

Tem essa ideia de que "comprar roupas é um investimento na gente mesma", mas essa é uma ideia 100% furada: roupa é gasto, e não investimento. A gente é mais esperta quando usa as roupas que tem até gastar — antes de gastar de novo com outras roupas. ;-)

Aqui não tem ninguém cooooontra o consumo, a gente é a favor de um consumo raciocinado, utilitário de verdade, eficaz. Este compilado de regras tem a intenção de afinar escolhas e melhorar a relação com o dinheiro, com as coisas, com o tempo e com os nossos desejos mais autênticos.

## A diferença entre consumo e consumismo

Antes de a gente começar a conversar sobre o *que* se compra, é preciso pensar em *como* se compra. Sem essa reflexão, não tem como acontecer mudança efetiva nos hábitos de consumo.

A maneira como a gente se relaciona com a atividade COMPRAS faz com que seja possível comprar tudo — ou quase tudo —, em qualquer lugar e por qualquer preço. A consciência e a disponibilidade pra intencionalmente agir diferente em relação às compras é o que muda a coisa toda: dá pra praticar consumo consciente até em fast fashion, embora isso nem de longe seja o ideal (alou!). A consciência tá mais no comportamento, em algo que guia as nossas ações, do que em um produto, e muito menos em uma loja ou marca.

Pensa só em dois tipos imaginários de pessoas (*qualquer semelhança com a vida real nem é tão mera coincidência!*):

- a pessoa 1, que toda semana compra sacolas e sacolas de roupa 100% ética e sustentável, com garantia de procedência e mão de obra digna e bem remunerada

- a pessoa 2, que vai até a loja de fast fashion "PraSempre21" uma vez a cada três meses e compra uma ou duas peças de que realmente precisa

Qual tipo de consumo é mais responsável, consciente, sustentável?

Quem compra roupa demais acaba não conseguindo usar tudo o que tem. Ou porque não enxerga no guarda-roupa abarrotado ou por não ter ocasiões suficientes durante a existência humana pra vestir tanta coisa. Por outro lado, se todo mundo que frequenta a PraSempre21 só comprasse uma ou duas peças a cada três meses, a rede não seria gigantesca do jeito que é, nem teria um modelo de negócios baseado em consumo voraz e descartável do jeito que tem.

Existe todo um sistema de não presença e de rapidez/voracidade que é estrategicamente instalado nas lojas (alô música altíssima, alô araras confusas, alô provadores disputados). Isso rola em todo tipo de grande rede de fast fashion: um esquemão orquestrado pra que a gente não consiga raciocinar, pra que a gente esteja alienada e conte com a facilidade do self-service pra "resolver" logo as nossas compras, escapando das outras consumidoras entulhadas de coisas, sem experimentar direito, se sentindo feia e achando que precisa de roupa pra estar bonita.

Se os nossos maus hábitos de consumo persistem, tanto faz o que se compra... a gente permanece sendo consumista. E esse é o problema! Consumo e consumismo são coisas bem diferentes, ó:

CONSUMO: "ato ou efeito de consumir; venda de produtos; utilização, pela população, das riquezas, materiais, artigos produzidos".

CONSUMISMO: "ato, efeito, fato ou prática de consumer (no sentido de "comprar em demasia"); consumo descontrolado de bens materiais, esp. de artigos supérfluos".

O negócio não é jamais pôr os pés na PraSempre21, mas sim deixar de comprar em excesso, sem propósito. Se o orçamento só permite comprar em fast fashion, então que se raciocine também essa compra, procurando qualidade, durabilidade, versatilidade e, principalmente, avaliando as necessidades e as quantidades. A gente não precisa de tantas coisas, qualquer que seja a proveniência delas.

Se o comportamento voraz e inconsciente rola na compra de produtos éticos, ainda assim temos um problemão, pessoal. Ó: colunas de consumo sustentável em revistas de moda, por exemplo, ainda são colunas de consumo! Comprar loucamente produtos verdíssimos também é consumismo. Comprar em excesso produtos 100% éticos, sem precisar de verdade, também é consumismo. Comprar um zilhão de roupinhas usadas em sites que vendem de segunda mão... consumismo. Seguindo esse raciocínio, a gente não duvida que logo mais o mercado invente uma black friday vegana. Sacam?

("Ah, mas tem a reciclagem..." Só que não: apenas uma parcela muito pequena do nosso lixo é reciclada de verdade. Mesmo se tudo pudesse ser 100% reciclado, esse não é um processo mágico: não se coloca a blusinha da estação passada numa máquina pra ela cuspir uma blusinha nova do outro lado. Reciclagem demanda gastos e outros tantos processos que também produzem resíduos, viu!)

No fim, produtos ecológicos são ótimos e devem ser incentivados, mas eles podem ser caros, de difícil acesso e muitas vezes não são tão ecológicos assim. Pra gente, não vale pensar em regras de consumo consciente que só possam ser aplicadas por quem tem certo poder aquisitivo ou mora em lugares onde esses produtos estão disponíveis. Não tem tanto a ver com produtos, mas com COMO se faz compras, com a intenção de melhorar nossa relação com o consumo.

É bom que a gente cuide mais da gente do que das coisas. Que a gente se conecte com o mundo e com os outros humanos do mundo, e não com produtos. Isso — na nossa opinião pessoal-personalíssima — é substituir consumismo por autoestima!

# Quando comprar?

**Quando precisar**

Como separar
necessidade,
desejo e impulso

*- como separar necessidade, desejo e impulso -*

# 1

## Compre quando chegar a hora de **substituir uma peça usada até o fim** por outra equivalente

*- quando comprar? -*

Uma vez uma amiga nos falou sobre a diferença de aplicações do verbo "consumir" quando se trata de roupas e de frutas. Consumir uma fruta é comer tudo-tudinho, a fruta inteira, até acabar. Mas quando falamos em consumir roupas... tá longe de ser assim.

Ao consumir uma roupa, a gente também devia pensar em usar até o fim da vida útil. MESMO. Usar enquanto a roupa tiver algo pra oferecer pra gente, assumindo as marcas da vida vivida com ela (com direito a um ou outro fiozinho puxado, a cerzidos aparentes, a manchinhas que não impedem o uso).

A gente não tá falando em usar roupas esfarrapadas até virar estopa, mas sim de não precisar ficar o tempo todo indo em lojas, de achar que só roupa que acabou de ser comprada (com cheirinho de loja, sem nenhuma marquinha) é usável. E, quando não tiver mais jeito, quando a dignidade estiver zerada, aí é hora de identificar quais atributos dessa roupa faziam dela uma peça tão legal no guarda-roupa e procurá-los em peças equivalentes, mas não iguais. A ideia é preservar o que garante as coordenações que a gente gosta de fazer, só que com uma cara nova.

*- como separar necessidade, desejo e impulso -*

Tipo: se uma sapatilha dourada com a frente alongada foi usada até acabar, é possível procurar outro sapato baixo e confortável, ainda com frente alongada, mas em outros tons de metalizado ou em materiais mais "arrumadinhos" equivalentes ao lustroso... sabe como? ;-) Dá pra manter o espírito da peça e a função que ela cumpre na sua vida sem ter que passar o resto dos dias comprando clones do sapato que funcionou.

# 2

# Só compre **depois de pensar** em não comprar

*- como separar necessidade, desejo e impulso -*

Repor uma peça que funcionou demais e que deu tudo de si é um bom motivo pra querer fazer compras. Outros motivos podem ser: querer dar uma repaginada no armário, querer se fazer um agrado, se sentir diferente. Todas essas "querências" são superlegítimas, mas esquentar o cartão de crédito na máquina não é o único jeito de fazer acontecer.

Pensa só: a demanda pela peça esgotada é uma demanda MATERIAL, que se satisfaz com outra coisa; essas outras demandas são ou podem ser IMATERIAIS. A gente pode escolher não se satisfazer somente com compras, peças novas ou presentes e, no lugar disso, abraçar a demanda de criatividade que o guarda-roupa coloca diante da gente todo dia de manhã, a cada escolha de roupas e acessórios, exercitando e reforçando recursos internos em vez da dependência de recursos externos, saca?

Pode ser muito muito gerador de felicidade — e exercitador de orgulho, de força criativa e de satisfação pessoal:

- montar look de dia frio com uma peça de calor (alô, sobreposições!)

- fazer render no fim de semana algo que só era usado no trabalho (e vice-versa)

- quando comprar? -

- descolar inspiração pra coordenar cores em imagens de decoração e arquitetura :)

- coordenar peças homenageando personagens favoritos de filmes/livros/séries

- montar um look inteiro em cores neutras e pontuar com acessórios coloridões

- juntar tantas texturas diferentes na mesma coordenação quanto possível (cada peça numa textura: lisa, fofinha, vazada, tramada, espessa, durinha, molenga...)

- se propor a usar uma peça favoritona de um jeito 100% novo e diferente

_____

_____

_____

_____

_____

_____

Anota aí quaisquer ideias extras de como se divertir no próprio guarda-roupa que tenham passado pela sua cabeça! Como fazer valer o gasto (de dinheiro, emoção e expectativa) colocado em

*- como separar necessidade, desejo e impulso -*

cada aquisição? Como canalizar energia pro que a gente já tem — e não pro que a gente ainda gostaria de ter?

A gente devia comprar somente quando se esgotam todas as possibilidades de "fazer compras" no próprio armário: nessas compras, as únicas formas de pagamento aceitas são criatividade e vontade. ;-)

- quando comprar? -

# 3

# Enxergue coisas **novas no seu próprio guarda-roupa** ou nas extensões possíveis

*- como separar necessidade, desejo e impulso -*

Consertar, reformar ou trocar pode suprir a mesmíssima demanda de uma compra — sem o gasto ou o desperdício. ;-)

Pode ser legal propor um bazar de trocas com amigas de estilo/numeração parecida ou experimentar o app Roupa Livre, que funciona como um Tinder pra trocar roupas entre gente com perfil parecido.

- quando comprar? -

# 4

Antes de qualquer compra, experimente o combo: **uma voltinha, um tempo pra pensar**, um chá ou café

*- como separar necessidade, desejo e impulso -*

Na metodologia da Oficina de Estilo é assim: a gente entra na loja, separa o que quer experimentar, veste tuuuudo, se estuda bastante no provador, pede pra vendedora segurar as peças na reserva por um tempo e vaza!

Aí a gente anda um pouco, pensa sobre as peças, faz contas, visualiza possíveis coordenações com o que já tá no armário, senta pra um cafezinho — às vezes até pede pra reservar de um dia pro outro e conversa com outras pessoas, vê um filme, vive um pouco a vida sem aquilo.

Esse é um exercício anticompra-por-impulso: se depois dessa pausa raciocinada as peças continuam fazendo sentido, essa compra parece valer mais a pena, né?

- quando comprar? -

# 5

# Só compre quando você **amar** a peça em questão

*- como separar necessidade, desejo e impulso -*

Ninguém merece gastar um dinheirinho precioso em algo que fique "mais ou menos": tem que amar real-oficial pra valer o gasto. Se você ainda nem saiu da loja e esse amor já tá cheio de ressalvas, passe.

- quando comprar? -

# 6

# Não compre algo novo **se não tem espaço no armário**

*- como separar necessidade, desejo e impulso -*

Nesse caso, grandes são as chances de você já ter roupas suficientes. Ou de estar comprando sistematicamente mal. Ou de novas coisas só te gerarem novos problemas, por exemplo, encrenca com o marido, com a irmã, com a mãe, com os filhos, com a colega de apartamento, com quem quer que divida o espaço com você.

# 7

Compre quando sentir que é a hora de **se permitir um pequeno luxo** ou uma pequena ousadia

*- como separar necessidade, desejo e impulso -*

Pequenos luxos e ousadias não têm a ver com *oportunidade*, e sim com momento de vida: uma grande mudança, um insight que transforme a caminhada, uma nova etapa da gente com a gente mesma. É pro aqui e pro agora, um presente pra celebrar o presente. \o/

O que não é pequeno luxo ou ousadia é só uma desculpa pra ceder a um impulso de ocasião.

- quando comprar? -

# 8

Compre quando estiver **se sentindo amada**, preenchida, cuidada, acolhida

*- como separar necessidade, desejo e impulso -*

Essas sensações não precisam ser proporcionadas por mãe, por marido, por amigas, por ninguém: quem se sente forte emocionalmente e à vontade consigo mesma faz menos confusão na hora de comprar.

É de uma compra que a gente precisa? Ou de um abraço? De uma sopinha quente? De mais tempo e descanso? De um aumento, talvez? Do que a gente precisa de verdade?

Compra não gera conforto. Essa história de shopping-terapia é a maior furada. Cuidar dos nossos vazios com carinho e atenção é o que conforta pra valer. Dá trabalho e pode ser doído, a gente sabe — mas vale mais a pena do que uma comprinha vazia de significado.

- quando comprar? -

# 9

# Não compre nada somente porque **"acabou de chegar"** na loja

*- como separar necessidade, desejo e impulso -*

Lojas podem receber produto novo toda semana; a gente definitivamente não precisa fazer uma comprinha toda semana. Esse não é um hábito saudável, #ficaadica.

*- quando comprar? -*

# 10

## **Resista**

aos *must-have*
e tem-que-ter
~essenciais~
da temporada

- como separar necessidade, desejo e impulso -

Guarda-roupa precisa render o ano todo, e tudo (ou quase tudo) em termos de peças de roupa já foi inventado. Muito provável que a gente já tenha um *must-have* desses no armário, ou pelo menos um equivalente que, com pequenos ajustes, pode virar a novidade-do-momento. ;-)

(E, então, se o *must-have* durar uma, duas, três temporadas dessas, talvez seja a hora de se render e só então comprar, fazendo valer a pena a espera.)

- quando comprar? -

# 11

## Se puder,
## **aprenda a costurar**

*- como separar necessidade, desejo e impulso -*

Não só pra ficar menos dependente do mercado, mas pra conhecer o processo desde escolha do tecido, modelagem, seleção e aplicação de aviamentos, confecção e acabamentos. Com a feitura, fica claro que não é possível uma peça de roupa ser tão barata assim.

Tem muitos canais de YouTube que ensinam os primeiros passos da costura. Se quiser conhecer um deles, digita A Costureirinha no campo de busca lá do YouTube mesmo. <3

# 12

Compre presentes pra você mesma, mas somente em **datas verdadeiramente comemorativas**

*- como separar necessidade, desejo e impulso -*

# 13

# Não compre porque você "merece"

- quando comprar? -

A gente merece ter uma vida preenchida de significado, e não de coisas. ;-)

- como separar necessidade, desejo e impulso -

# 14

# Não faça compras **só porque** sua amiga tá fazendo compras

- quando comprar? -

Isso acontece tanto! Ver alguém comprando coisinhas lindas dá uma vontade louca de comprar também. Se liga: a partir dessa leitura a gente já consegue identificar esse gatilho — quando viver um momentão desses de novo, respira, reflete a motivação da compra, checa com você se é isso mesmo. Você vai saber. ;-)

*- como separar necessidade, desejo e impulso -*

# 15

# Compre quando o item em questão fizer **toda a diferença** no seu guarda-roupa

- quando comprar? -

E peça de roupa ou acessório que faz a diferença é:

- o que a gente ainda não tem no armário, nem parecido nem equivalente; o que é totalmente novo no nosso "acervo pessoal" e que não rende os mesmos looks que a gente já coordena

- o que faz a gente dar um salto \o/ de quem a gente é pra quem a gente quer ser, que dá nova cara ao resto

- peça que dá liga, que serve como cola entre outras tantas peças que podem estar paradas

- o que instantaneamente ajuda a mapear outras peças que já estão com prazo de validade vencido e podem ser substituídas

*- como separar necessidade, desejo e impulso -*

# 16

# Compre quando o custo-benefício for **vantajoso**

*- quando comprar? -*

Montar dez looks com dez calças de 150 reais significa ter 1500 reais a menos na conta do banco. Montar dez looks com uma mesma calça de 150 reais economiza 1350 reais. Roupa que a gente não usa custa muito mais caro do que roupa que a gente usa bastante! Custo-benefício em moda tem menos a ver com quantidade de roupa e mais com inteligência pra fazer render.

Momentos #tensão pra essa lógica do custo-benefício: as promoções, as liquidações e os outlets. Todas essas são oportunidades pra fazer ótimas compras, escolhas bem pensadas, com qualidade... Mas só pra quem estiver superbem, segura de suas necessidades e desejos mais legítimos, sem se deixar afetar pelo clima de "compra agora que tá barato demais".

Liquidação envolve limitação de tempo, loja possivelmente lotada, fila no provador, não poder trocar depois, menos cores e tamanhos disponíveis e, ainda por cima, essa pressão do "tá barato pra caramba". Nessas ocasiões, tem que respirar fundo e ignorar o preço antigo: não importa se custava quatrocentos reais e agora sai por duzentos reais — comprar mais barato é bom quando a gente economiza duzentos reais e não quando gasta duzentos reais sem precisar. ;-)

- como separar necessidade, desejo e impulso -

# 17

# Compre quando você conseguir se comprometer a usar aquilo **pelo menos trinta vezes**

- quando comprar? -

O sistema de consumismo das grandes redes de fast fashion embutiu nas nossas mentes a ideia de roupas descartáveis. Isso e os preços superbaixos fazem com que a cadeia de produção esteja extremamente pressionada a produzir produzir produzir produzir (cada vez a custos menores) — e é exatamente esse o cenário de desastres como o que matou mais de mil pessoas num desabamento de prédio/fábrica de roupas em Bangladesh, em 2013. (Se te interessar, digita no Google as palavras-chave "Rana Plaza" pra entender como esse acidente fez surgir o movimento Fashion Revolution, que faz campanha pela reforma sistêmica da indústria da moda, demandando maior transparência na cadeia de suprimentos e na produção das roupas.)

*- como separar necessidade, desejo e impulso -*

# 18

Faça compras quando puder responder **sim** pra estas três perguntas: **Quero? Preciso? Posso?**

- quando comprar? -

Tem diferença entre necessidade, desejo e impulso: a gente cede à necessidade sempre que tiver condição, aos desejos quando estes forem fortíssimos-arrebatadores (e saciados com prazer!) e aos impulsos cada vez menos.

À medida que a gente faz e refaz essas perguntas (pra gente mesma), vai ficando mais fácil identificar quando qualquer Pequena Vontade tem mais a ver com estímulos externos do que com paixões genuínas.

(Tem seis minutos de inteligência \o/ num vídeo com Vivienne Westwood explicando mais disso daqui. Tá em <www.bit.ly/vivi_ode>, vê lá!)

# O que comprar?

## Coisas de qualidade

Ética, esperteza, durabilidade

# 19

# Compre somente o **essencial**

- o que comprar? -

E essencial em moda não tem a ver com necessidade — porque né, precisar-precisar a gente não precisa de quase nada. Quem acumula coisa demais quase sempre não usa tudo o que tem, e isso rende menos alegria do que ter pouca coisa, mas usar tudo-tudinho. O suficiente é mais eficiente — pra gente mesma, pras pessoas, pro mundo —, e não vale a pena entulhar o guarda-roupa com mais do mesmo. Muitas vezes, a atitude mais ética, política, consciente e sustentável é: não comprar.

E não adianta manter o suficiente às custas de fazer doações a cada quatro, cinco ou seis meses (só pra se manter reabastecendo o guarda-roupa de coisas não necessárias). Claro que é bom fazer doações, isso ajuda muita gente — mas, ó: quem quer ajudar de verdade faz melhor quando doa dinheiro diretamente pra uma instituição. Acontece que todo mundo tem feito muuuita doação de roupa, demais da conta, de um jeito que grande parte do que é doado não tem vazão e vai parar em depósitos superlotados na Ásia e na África. (Tem um minidocumentário sobre isso: se te interessar, digita no YouTube as palavras-chave "unravel noosfera" pra assistir aos treze minutinhos desse vídeo muito muito esclarecedor.)

- ética, esperteza, durabilidade -

Também não é o caso de "ter só o essencial" praticando desova de consumismo em lojinhas na internet, revendendo e redescartando tudo de novo e de novo em ciclos de desperdício: vender o que não se usa mais (em brechós on-line ou em sites como o <enjoei.com.br>) pode ser uma ótima solução esporádica — mas, né, vale pensar se implicitamente essa também não é/pode ser uma desculpa pra continuar comprando em excesso.

- o que comprar? -

# 20

Experimente **"fazer compras" nos armários da mãe**, avó, tias, primas e amigas mais maduras ;-)

*- ética, esperteza, durabilidade -*

Vai que esses guarda-roupas tenham peças dando sopa, boas de doar ou de ser emprestadas? A qualidade tá garantida: se determinadas peças duram bem desde sempre até hoje, elas ainda podem render bastante com um toque pessoal e em coordenações com peças de um outro guarda-roupa, nénão?

- o que comprar? -

# 21

## Compre itens com o **avesso tão precioso** quanto a parte externa

- ética, esperteza, durabilidade -

É estudando o avesso das coisas que a gente identifica um bom acabamento! Se do lado de dentro, que ninguém vê, a peça foi feita com esmero, a gente pode ter segurança de que a parte de fora reflete esse cuidado. E, ó: quando a parte de dentro é supercuidada, feita com atenção e carinho, ela garante o melhor toque na pele de quem usa. ;-)

É bom procurar por costuras retinhas e reforçadas, checar se os encontros entre elas são cuidadosamente arrematados, se os bolsos e recortes estão protegidos internamente, se o cós tem forro pra proteger a pele das costuras todas, se o zíper está costurado retinho (sem tecido extra que impeça que ele corra), se as barras estão retinhas e bem costuradas, sem repuxar.

- o que comprar? -

# 22

Compre como você tem cer-te-za de que sua bisavó compraria (ou o que **ela consideraria comprar**)

- ética, esperteza, durabilidade -

Nossas avós tinham muuuuito menos roupa do que todo mundo tem hoje em dia, e as roupas delas tinham que durar DE VERDADE. Vestidos não eram baratíssimos e muitas vezes tinham que funcionar até virar herança, coisa de se passar pra filha ou pras netas. As compras eram mais calculadas e a qualidade era o que direcionava: pensa que, geralmente, quando avós falam de uma roupa chique, elas falam de que tecido a roupa é feita, e não de que marca é. ESSA é a mentalidade! ;-)

# 23

Faça **compras com conhecimento**: decifre as etiquetas internas das roupas e experimente lavagens e produtos diferentes pra **cuidar melhor** delas

- ética, esperteza, durabilidade -

Ó: pra enriquecer repertório com esse conhecimento, vale estudar tecidos, seus caimentos, suas propriedades térmicas, os tipos de fibras e misturas que compõem esses tecidos (de onde elas vêm e como são extraídas/manipuladas/produzidas) e a manutenção possível pra cada um desses tecidos.

Aplicar e voluntariamente estudar isso tudo não é fácil, mas é mais simples do que pode parecer. E essas tarefas dependem de dedicação, mas recompensam demais.

Se quiser encurtar esse caminho — ou se precisar de um incentivo pra se aplicar mais nesse "estudo" —, siga pra regra 25.

- o que comprar? -

# 24

## Não compre o que demanda **manutenção minuciosa demais**

*- ética, esperteza, durabilidade -*

Na hora de comprar, seja realista em relação ao cuidado que você pode oferecer àquela peça. Se ela demanda mais do que você tem ou quer dar, não compre. E lave menos as peças que você já tem: para economizar lavagens, tente não usar a mesma peça por dias seguidos (e promover pelo menos um dia de "respiro" antes de vestir de novo) + borrifar um desodorante de roupas.

A receita de desodorante de roupas que a gente usa é esta:

100 ml de água
200 ml de álcool de cereais
200 ml de vinagre (qualquer um que seja branquinho-transparente)

Passou o dia todo com a roupa? Antes de guardar de volta no armário, vale borrifar o avesso da peça com essa misturinha, pendurar num cabide e deixar evaporar em local ventilado, durante a noite ou por um periodão, e só então guardar/usar de novo.

Roupa que é muito lavada sofre mais com atrito, com agentes dos produtos de limpeza, com o calor do ferro de passar ou do vapor... Tudo isso faz o tecido se desgastar mais e em menos tempo. Se ainda na loja tá com cara de que é delicado de-

- o que comprar? -

mais, de que vai demandar ciclos e ciclos na máquina de lavar, de que precisa passar e repassar a cada uso... pode ser que dure pouco (ou que encha a gente de dor de cabeça!). E a manutenção de tudo que a gente compra tem que caber no nosso estilo de vida.

Manutenção sem frescura é lavar em água fria, com sabão de coco, sem esfregar demais ou torcer, deixando secar penduradinho num cabide no varal, na sombra. Se liga: nossas avós já faziam assim e dava muito certo — sem precisar do arsenal mirabolante de máquinas e produtos específicos oferecidos no mercado hoje em dia. ;-)

Ter algumas peças de roupas pra usar em casa também ajuda a desgastar menos as roupas "de sair de casa".

# 25

Compre os melhores tecidos pras **suas** demandas pessoais- -personalíssimas

- o que comprar? -

Esperteza é procurar aprender/conhecer as propriedades das fibras naturais e não naturais (artificiais e sintéticas) que compõem os tecidos pra escolher o que funciona melhor pras ocasiões da vida, de acordo com como a gente quer se sentir e como quer parecer em cada uma delas. Essas fibras têm diferentes propriedades, efeitos na silhueta, mensagens de estilo e também impacto no mundo.

(Nosso livro favorito pra aprender mais sobre tecidos é o *Guia prático dos tecidos*, de Maria Helena Daniel. #dicona)

*- ética, esperteza, durabilidade -*

# 26

Compre peças que não sejam tão justérrimas a ponto de o **próprio atrito com o corpo** desgastar o tecido da roupa

— o que comprar? —

Atenção pra uma mínima folguinha entre tecido e pele na hora de verificar caimento do que se veste nos provadores das lojas: alô, sovaquinhos puídos logo nos primeiros usos, alô, entrecoxas cheias de bolinhas depois da primeira lavagem!

*- ética, esperteza, durabilidade -*

# 27

# Compre acessórios como quem escolhe temperos pra comida <3

*- o que comprar? -*

Acessórios mudam coordenações inteiras e podem "valorizar o sabor" das combinações que a gente faz com as peças de sempre. São bons pra colocar a gente em contato com quem produz (tanta gente nas redes sociais mostrando trabalhos que revisitam o artesanato com olhar pro design contemporâneo!) e muitas vezes custam menos do que peças de roupa.

- ética, esperteza, durabilidade -

# 28

Escolha acessórios que não puxem fios, manchem, causem atrito demais da conta ou **detonem de algum modo** suas roupas

- o que comprar? -

Não dá pra juntar bolsa de palha com meia-calça, mochila com blusa de cashmere, tricozinho fino com colar que repuxa, calça jeans soltadeira de tinta com bolsa branca. Acessório tem que combinar com a roupa também no quesito preservação das partes. ;-)

# 29

Não compre **litros de bolsas pequenas** se você carrega muita coisa todo dia, não compre **todas as bolsonas do universo** se você é editada/minimalista

- o que comprar? -

Brinco fica com a gente o dia todo, sapato também, cinto também, pulseira e anel também. Bolsa, não: compõe o look só na chegada e na saída, mas passa o resto do tempo pendurada na cadeira ou num cabideiro, longe da gente. Então pra que tantas?

Raciocinar formas e tamanhos (bolsa grande, média ou pequena) pode ajudar a gente a escolher melhor, a evitar desperdício e entulho, a precisar de menos.

*- ética, esperteza, durabilidade -*

# 30

# Não compre/não tenha peças que façam você **se sentir infeliz** com o seu corpo

- o que comprar? -

Não é a sua coxa que tem que caber em determinada peça, amiga, é a peça que tem que caber em você. Você é ótima!

*- ética, esperteza, durabilidade -*

# 31

# Compre o que serve pra sua vida e pro seu corpo **hoje**

- o que comprar? -

Autoaceitação e criatividade são antídotos pro consumismo. <3

*- ética, esperteza, durabilidade -*

# 32

Não compre uma
calça preta (mesmo
que você **precise**
dessa calça!)
se você já tem
**outra calça preta**
no guarda-roupa

- o que comprar? -

E o termo "calça preta" pode ser substituído por quaisquer peças que pareçam vitais pra continuidade da nossa existência neste plano terrestre, mas que são equivalentes a alguma outra que a gente já tem no armário: provavelmente é de outra coisa que se precisa num caso desses.

Quem se identifica \o/\o/ pode voltar nas regras 4 e 18. ;-)

*- ética, esperteza, durabilidade -*

# 33

# Não compre **itens que precisam de novos itens** pra funcionar ou render looks

- o que comprar? -

Entenda melhor como é possível construir um guarda-roupa conciso e muito versátil lá na regra 49. ;-)

*- ética, esperteza, durabilidade -*

# 34

# Gaste mais em roupas **atemporais**

- o que comprar? -

Esse esquema de roupa primavera/verão, de inverno ou coleção "resort" e tudo mais... serve somente pra indústria mostrar os produtos que disponibiliza, é vitrine apenas — hoje o sistema da moda conta com quase cem microtemporadas ao longo do ano.

Esperto da nossa parte é desacelerar esse ritmo e funcionar na velocidade humana das coisas, da vida.

É preciso querer passar mais tempo com as nossas coisas e escolher o que tem condição de passar BEM esses longos períodos de uso com a gente. Vale ter em mente que produtos feitos com materiais de qualidade, com acabamentos atenciosos, com costuras reforçadas, com aviamentos bem aplicados... demandam mão de obra especializada e, principalmente, tempo. E isso, na língua da manufatura, significa custo mais alto mesmo. A conta tem que fechar!

Quanto mais uma roupa dura (em uso!), menos demanda de produção a gente gera — e menos descarte também. De quebra, fazer uma roupa render bons looks por muuuuito tempo, de jeitos diferentes, acompanhando fases e vontades diferentes na vida, pode ser um excelente exercício de desenvolvimento de estilo pessoal. ;-)

- ética, esperteza, durabilidade -

# 35

## Não compre produtos "verdes" só por isso

- o que comprar? -

Consumismo de produtos éticos e sustentáveis ainda é consumismo.

- ética, esperteza, durabilidade -

# 36

## Compre roupas com **menos processos** químicos/tóxicos

- o que comprar? -

A indústria da moda é uma das mais poluentes do planeta, com processos sintéticos de pigmentação de tecidos e de curtimento de couro supertóxicos e amplamente usados (sem pudor algum). Tem um programa do Greenpeace que pede que marcas de moda se comprometam a fazer uma transição desses processos (dos supertóxicos pra outros alternativos e menos poluentes) — mas só 10% das maiores marcas do mundo toparam até hoje. O resto não topou por não aceitar reduzir suas taxas de lucro.

A gente não deixa de comprar porque nem passa pelas nossas cabeças que tem algum problema sustentar o uso de alguma coisa que estrague o único planeta em que a gente pode viver (eventualmente inviabilizando a vida das gerações futuras), ou que tem problema sustentar, com nossos hábitos de consumo, circunstâncias contínuas de sofrimento pra outros seres humanos.

Se você tem interesse em conhecer quais processos tóxicos são esses, quais marcas se comprometeram a eliminar ou diminuir de forma drástica seu uso e também quais marcas não estão nem aí pra esse compromisso, digita no Google as palavras-chave "The Detox Catwalk" que essa campanha do Greenpeace tem um site muito explicativo.

*- ética, esperteza, durabilidade -*

# 37

Compre o que é **durável pras suas atividades** de rotina, e não o que "é bom" (não existe material "bom" em si mesmo)

- o que comprar? -

Pode ser que "materiais bons" não necessariamente sejam os mais duráveis pra agendas diferentes. Sapatos feitos com o couro mais refinado, com solados finíssimos, podem não ser boas escolhas pra quem anda muito a pé, especialmente em dias de chuva — assim como blusas finas feitas de seda pra quem tá com criança pequena, ou malhas feitas em cashmere pra quem precisa usar mochilas.

(Isso não significa que quem tem demandas-dureza de dia a dia não possa ter nada mais refinado ou delicado. Tem que rolar uma criatividade proativa e deixar as peças delicadas pra usar fora das "zonas de atrito" da vida!)

*- ética, esperteza, durabilidade -*

# 38

# Compre **a melhor qualidade que seu dinheiro puder pagar**

- o que comprar? -

E a melhor qualidade não depende de grandes or-
çamentos, mas sim de autoconhecimento (pra
ter clareza do que é importante pra gente!) e informação técnica de moda (relacionada a materiais e manutenção).

# Como comprar?

**Com parcimônia**

Como fazer
escolhas certeiras

- como fazer escolhas certeiras -

# 39

# Compre menos

- como comprar? -

Nos últimos trinta anos, a produção e o consumo de moda aumentaram exponencialmente. Nos Estados Unidos, por exemplo, as pessoas passaram a consumir 400% mais do que há vinte ou trinta anos. Por ano, o mundo produz 150 bilhões de itens de vestuário, e um único americano médio descarta quase 36 quilos de têxteis. Isso dá (só nos Estados Unidos) mais ou menos 14 milhões de toneladas de lixo todo ano, direto pros aterros.* Não existe "jogar fora": "fora" ainda é no mundo!

Todo mundo aqui sabe que compra mais do que precisa e que não usa tudo o que tem. É preciso rever essa falsa-facilidade e comprar menos e melhor, cuidar pra fazer durar e questionar tanto quanto possível cada compra que a gente faz. E se a gente tivesse no armário só o que AMA e efetivamente usa? E se a gente exercitasse criatividade pra usar de muitos jeitos diferentes essas roupas? Se em viagens a gente consegue viver só com uma mala (em que a gente leva só as coisas mais legais que tem no guarda-roupa), por que não tentar fazer a vida toda acontecer com menos?

* Todos esses dados são do site do movimento Fashion Revolution: <fashionrevolution.org>.

- como fazer escolhas certeiras -

# 40

## Compre de **quem** faz

- como comprar? -

É oooooutra experiência quando a gente conhece quem faz aquilo que a gente veste/usa: serumaninhos com caras e mãos e ideias e sorrisos, como a gente mesma, com vidas e sonhos tão parecidos com os nossos. Que privilégio!

Oportunidade valiosa de conversar e conhecer motivações, entender técnicas, saber por que cada material foi escolhido e acrescentar significado autêntico a cores, formas, caimentos. Ouvir histórias de pessoas tão cheias de interessância quanto seus produtos pode ensinar a gente a aproveitar um outro tempo (de serenidade e gostosura), a valorizar processos e a questionar toda a lógica barulhenta e esquizofrênica do consumismo.

# 41

## Compre do **pequeno**

- como comprar? -

Distribua seu dinheiro de maneira menos desequilibrada e desigual. Quando a gente compra produtos feitos em pequena escala ou direto de quem faz, nosso dinheiro ajuda a compor a renda de pessoas de verdade — em vez de fazer mais volume numa riqueza que já é rica demais, que é o que acontece quando a gente faz compras em grandessíssimas marcas/redes de lojas.

OU

Quanto mais a gente compra de grandes magazines, mais dinheiro põe na carteira de três acionistas e menos nas de milhares de funcionários que precisam ganhar muito pouco pra que esses acionistas ganhem muito, muito mesmo. E quando a gente compra o que é produzido em pequena escala ou compra direto de quem faz, o dinheiro fica ali mesmo.

(Se te interessar, digita no Google as palavras-chave "comércio justo" pra entender o que é *fair trade*, como o conceito surgiu e quais são os seus princípios.)

- como fazer escolhas certeiras -

# 42

# Compre de **perto de você**

- como comprar? -

Assim a gente valoriza, incentiva e dá suporte (com o dinheiro gasto em compras) à cultura local, ao artesanato e a habilidades originais de lugares específicos, aos artesãos/designers que possivelmente empregam outras pessoas dali (ou daqui!) e que eventualmente vão formar novas gerações de artesãos e designers.

Comprar produto local, feito onde a gente vive/está, pode ter tudo a ver com pagar um valor mais justo por material de maior qualidade e que gerou menos impacto com deslocamentos desnecessários.

# 43

Não compre quando não for possível **rastrear minimamente onde e como** quaisquer itens foram produzidos

- como comprar? -

Isso significa dar preferência a marcas menores, independentes, de perto da gente e com donos que cuidam de tudo ou de quase tudo da marca: da criação/do design, da origem dos materiais, do transporte, dos funcionários etc.

A gente entende que, quando uma marca cresce demais ou pertence a um grande grupo de investidores, fica quase impossível rastrear todos os processos comuns a uma operação comercial. Seria bom, pra melhorar nossas escolhas, tentar considerar várias hipóteses antes de decidir comprar qualquer coisa:

- o que a gente compra distribui bem o dinheiro nessa cadeia de produção?

- a produção é interna/própria ou terceirizada?

- os materiais usados são supermanipulados industrialmente? muito tratados com produtos/processos químicos ou tóxicos?

- os produtos demandam transporte de longe?

- vêm com muita embalagem ou somente com o essencial?

- os itens têm valor social, as vendas beneficiam as comunidades em volta de onde são produzidos?

– como fazer escolhas certeiras –

Botar isso em prática depende de informação, de colocar mais e mais energia na busca desse conhecimento: é preciso fazer perguntas nas lojas, mandar e-mail pras marcas, procurar referências nos sites das tecelagens, conversar com quem sabe mais que a gente, trocar ideias com quem tá exercitando isso há mais tempo. Nisso, empresas/lojas/marcas pequenas funcionam melhor: quanto menos gente envolvida, quanto menos grandiosidade de operação, mais acesso a respostas a gente tem.

Ninguém é 100% correto e "não impactante", mas a trajetória de tentar fazer escolhas mais conscientes pode ser legal demais — e a gente acaba tendo mais chances de impactar um tanto mais pro bem do que pro mal. *Call us* ingênuas, mas a gente sente que esses questionamentos podem virar rotina e render pequenas mudanças <3 que muitas vezes nem envolvem tirar mais dinheiro do bolso, mas sim repensar nossas necessidades e desejos.

(Uma ferramenta que pode te ajudar nessa tarefa é o app Moda Livre, feito pelo site Repórter Brasil. Lá eles tentam acompanhar marcas que foram autuadas por trabalho análogo à escravidão.)

- como comprar? -

# 44

## Compre **peças**
## e não marcas

*- como fazer escolhas certeiras -*

É nessas que a gente se enche de nécessaires, perfuminhos, chaveirinhos, chinelinhos, coisinhas sem uso definido (ou importância) só pra levar pra casa um tantinho do status que o marketing dessas marcas usa pra seduzir gente boba.

Não sejamos mais dessas aí! \o/

- como comprar? -

# 45

## Compre em **lojas de rua** e não em shopping centers

*- como fazer escolhas certeiras -*

A socióloga holandesa Saskia Sassen diz que shopping centers e grandes prédios de escritórios não são a cidade, mas são formas de os grandes investidores controlarem o espaço urbano. Isso tem a ver com conviver menos com pessoas e mais com produtos; tem a ver com ter menos contato com o que é natural, diferente e rico de cultura pra estar conectada somente com o que é pasteurizado, calculado, artificial.

Essa riqueza cultural e de diversidade que as ruas oferecem (que a *vida real* oferece!) ajuda a afinar escolhas, a priorizar e desenvolver um olhar exigente, questionador. No shopping, tudo é pensado pra vender, não tem horizonte — tem vitrine. Não tem céu, não tem a passagem do tempo, não tem distração que faça a gente se desconectar da compra. Tudo em shopping empurra a gente pra querência: tem tanta coisa ali sobrando, disponível, que a gente pensa que tá faltando no nosso armário, que a gente tem pouco, que pode ter mais, que precisa levar uma coisinha pra casa.

A rua, por outro lado, tem carro passando tem carrinho de bebê tem cachorro junto tem pipoqueiro tem barulhos mil e árvores e pássaros e pessoas em situação de rua e vendedores ambu-

- como comprar? -

lantes e de repente uma ambulância ou um carro de som e tanto mais, tudo ao mesmo tempo!

Se nessa bagunça uma coisa salta aos nossos olhos, se vence essa competição por atenção \o/, tem chance de essa coisa ser especial. Daí é seguir pras regras 48 e 57.

*- como fazer escolhas certeiras -*

# 46

Compre de marcas que não investem massivamente em propaganda (e **desconfie** de marcas que fazem propaganda demais)

- como comprar? -

Agências de publicidade, modelos, blogueiras, fotógrafos, diretores de arte, páginas em revistas, posts "impulsionados" nas redes sociais e tempo comercial na TV custam um dinheirão. Investimento em marketing pode apontar pra um gasto menor em materiais duráveis, em qualidade e em acabamento, nénão?

Quando a peça é boa e o preço é justo, não é preciso fazer muita força pra vender. A gente acha. ;-)

*- como fazer escolhas certeiras -*

# 47

## Compre de segunda mão

- como comprar? -

Há tempos não existe mais essa ideia de que brechó só tem coisa antigona, velha, puída, maltrapilha. As araras das lojas de segunda mão são abastecidas, no geral, por peças das marcas que a gente costuma desejar — e que usam bons materiais, têm acabamentos preciosos, caimentos legais.

Sabemos que os brechós selecionam criteriosamente as peças que vendem e que levam em consideração a conservação/manutenção, a boa aparência, o pouco uso. E, mesmo quando foram pouquíssimo usadas, essas peças — com ótima qualidade — são vendidas por uma fração do preço que se pratica nas lojas convencionais. Lembra da regra 38: o dinheiro vale mais porque a gente gasta melhor!

Comprar em lojas de segunda mão treina o olhar e aperfeiçoa escolhas: em brechó tem espaço pra novas ideias estilísticas surgirem, já que a gente tá fora do contexto de uma coleção inteira da mesma marca, organizada por cores e proporções complementares, pensada pra facilitar coordenações. O ambiente típico de um brechó é bem diferente: aquele caos de muita roupa com mistura de estilos e tamanhos e tipos específicos de peças que obrigam a gente a analisar item por item, visualizando o nosso contexto pessoal de uso (e

- como fazer escolhas certeiras -

não o que tá sendo construído como lifestyle em volta do produto — alô, regra 56!). Assim a tarefa de selecionar o que a gente realmente gosta e quer fica mais autêntica, mais independente do visual merchandising das lojas convencionais.

Em toda ocasião em que a gente voluntariamente se propõe a fazer algo funcionar (mesmo que não seja a coisa mais fácil/fluida do mundo) a gente expande possibilidades, exercita ultrapassar o limite da zona de conforto. Estar disponível pra ver ver ver ver ver experimentar pensar ver ver ver pensar mais sobre muita coisa, procurando o que faz sentido e o que faz a diferença... é um treino e tanto pro olhar (de moda, das coisas, da vida).

- como comprar? -

# 48

## Não compre nada, absolutamente nada, **sem antes provar**

- como fazer escolhas certeiras -

Não vale vestir roupa por cima da roupa, ou calçar só um pé do sapato — a gente sabe que isso acontece demais! #flagra

Provar significa vestir direitinho, calçar o sapato todo, abotoar o fecho do colar. E então se observar de frente, de costas, andar um tantinho, sentar e levantar, estar de olho no caimento nos ombros, no decote, nas barras, se permitir sentir o movimento dos itens no corpo e o toque dos materiais na pele.

Isso demanda tempo, atenção, presença, disposição. Não rola na correria nem na pressão: se liga na regra 58!

(Todas as regras deste livro funcionam também — em lógica e pensamento — pra compras on-line, mas pra essa em especial é preciso acrescentar tarefas: tem que estudar direitinho os métodos de devolução e só comprar de lojas que facilitem o processo.)

- como comprar? -

# 49

## Compre o que funciona muitíssimo garantidamente com o que **você já tem**

- como fazer escolhas certeiras -

Cada compra precisa render (pelo menos) três looks diferentes quando coordenada com o que já tá no guarda-roupa. E looks bem diferentes entre si, que façam com que a peça ganhe vida nova a cada coordenação: um look de frio e outro de calor (com o mesmo item!), um look com peças bem coloridonas e outro com peças superneutras, um pra trabalho e outro pra lazer, um pra usar de dia e outro pra usar de noite. Sabe como?

Esse é um exercício imaginativo pra se fazer dentro do provador, antes mesmo de terminar de provar. Se não rolar lembrança de três possíveis looks completos e bem diferentes entre si com a peça em questão, se liga que é cilada!

- como comprar? -

# 50

## Compre somente **uma** peça de cada (regra **antiduplinhas**)

- como fazer escolhas certeiras -

Perceber o que se usa mais, o que sempre dá certo nos looks de todo dia, é diferente de comprar um monte do mesmo! Quando alguma coisinha funciona, é natural procurar mais dessa coisinha: por isso a gente tem essa mania de querer comprar três cores da mesma saia, ou as versões manga curta e manga longa da mesma camiseta...

Mas né, roupa repetida rende sempre os mesmos looks — com pequenas variações que não fazem diferença. O que faz diferença MESMO é o que é novo e complementar, o que ainda não existe no nosso acervo. Se esta foi pra você, se bateu forte \o/, volta na regra 15 e brilha!

- como comprar? -

# 51

## Não compre "reservas" por **medo** de a peça "acabar"

- como fazer escolhas certeiras -

Sabe essa história: "a calça vestiu tão bem que eu vou aproveitar o precinho e comprar outra pra não ficar sem quando ela acabar"? Isso tem a ver com escassez (o contrário de abundância!).

Pelamordedeus, a gente tem acesso a lojas, e roupa pra comprar é o que não falta no mundo — se uma calça "acabar", não vão acabar junto todas as oportunidades de suprir essa demanda, não vai ser o apocalipse-fashion, ninguém vai precisar sair pelada porque uma única calça foi usada até acabar, não tamos encerrando aqui a produção de calças no mundo!

(Acabar não é amassar, descosturar, manchar um pouquinho, fazer bolinha, né pessoal! Roupa com cara de que acabou de sair da loja só tem essa cara quando acabou de sair da loja mesmo — e a gente não pode vincular felicidade à roupa novíssima. Ainda que sem uso e paradinhas dentro do armário, as nossas roupas vão envelhecendo. Isso é natural!)

Então, se for o caso de um item de vestuário ser mesmo usado até acabar, grandessíssimas são as chances de ele ter sido tão usado a ponto de você enjoar dele, e isso eventualmente pode acontecer num tempo propício pra fazer valer novas vonta-

- como comprar? -

des, novos desejos — e não o mesmo desejo de tanto tempo atrás, na ocasião da compra. A gente muda, as vontades também!

# 52

## Seja **criativa** antes de ser consumista!

- como comprar? -

Comprar roupa nova é uma delícia, a gente sabe. Mas depender de compras pra se virar bem no guarda-roupa e pra se sentir bonita pode ter um gostinho amargo: a gente se coloca num lugarzinho afobado, mergulhada em escassez, amparada em recurso externo, em produto, em coisas.

Por outro lado, quando a gente se propõe a exercitar a criatividade, a experimentar novos usos pras roupas que a gente já tem, o que acontece é empoderador: esperteza e aprendizado (em moda e em autoconhecimento) são recursos internos que, no lugar de buraco na conta bancária, rendem satisfação, orgulho.

Não tem a ver com quantidade de coisas, tem a ver com um novo olhar pra fazer render o que já tá no armário.

Empoderamento é isso: se sentir linda redescobrindo peças que a gente já tem no armário, entendendo que o dinheiro gasto valeu um pouquinho mais a cada (re)uso das nossas roupas, sem precisar comprar coisas novas.

**criatividade** = recurso interno

**produto/coisa** = recurso externo

*- como fazer escolhas certeiras -*

Sacou? A gente se fortalece emocionalmente (pra vida) quando finca os pés no aperfeiçoamento dos nossos recursos internos, deixando de depender dos externos pra se sentir ótima.

- como comprar? -

# 53

## Não faça das compras um **hobby**

- como fazer escolhas certeiras -

Comprar não é passatempo e shopping não é passeio nem área de lazer. #verdades

- como comprar? -

# 54

# Em viagens, compre roupa/acessório como se compra um **souvenir**

E se no lugar das listas de peças e pesquisas de preços e endereços de outlets a gente levasse expectativas de experiências pra viver em viagens? Pensa num exercício lindo: o de se permitir não precisar abastecer o guarda-roupa quando se está em ocasião de conhecer lugares novos, sentir outros cheiros e comer comidas diferentes, viver outros modos de vida, e então encontrar surpresas pelo caminho. :)

Tamos falando disso e pensando num broche encontrado numa lojinha ao lado do restaurante do almoço, ou num xale bordado vendido na saída do museu, ou em óculos escuros garimpados no passeio à feira de antiguidades da cidade visitada, ou numa bolsa vendida pela artesã na rua, na calçada. Sabe como? Souvenir é o que faz diferença nos nossos armários (alô, regra 15!), o que é único pela originalidade, mas também pelo encanto — nada a ver com produto que pode ser encontrado igualzinho em qualquer filial de fast fashion ao redor do globo terrestre.

Nada contra listas ou busca pelo "mais em conta" — mas né, quando a gente cuida pra que o guarda-roupa funcione todos os dias da vida, pra todas as ocasiões, pode ser possível experimentar essa sensação de "não preciso comprar nada". E, se existe necessidade/demanda de algo específico, pode ser legal:

- como comprar? -

- procurar blogs locais de moda de rua e checar os créditos pra entender que lojas fazem sucesso entre os locais

- pesquisar lojas legais no destino, usando palavras-chave no Google como "moda original em tal lugar" ou "lojas legais de roupa feminina em xxx" (em português, mas também na língua de lá)

- checar se o destino tem semana de moda (mesmo que pequenina) e procurar a lista dos designers que se destacam por valorizar elementos da cultura local

E, então, tentar suprir demandas nesses lugares! A regra 42 faz ainda mais sentido quando a gente tá fora de casa, nénão?

Se na vida toda a ideia é procurar o essencial, não atravancar o guarda-roupa com excessos e cuidar das roupas que a gente tem pra que se viva por mais tempo com o significado que elas carregam, então as compras feitas em viagem podem ser souvenirs, lembranças dos dias vividos no destino em que se esteve. Como pequenas materializações dessas lembranças que voltam com a gente e que estendem memórias alegres.

- como fazer escolhas certeiras -

# 55

# Faça compras de **roupas** (e cada vez menos de "lifestyle")

- como comprar? -

Compra de lifestyle: quando a gente não compra somente a roupa ou o acessório, mas também a modelo que usa a roupa na propaganda, a moça da novela que vestiu a mesma peça, o cenário imaginário que a roupa inspira, a amiga que viveu um momentão com aquilo... aspirando a algo que pode não ter a ver com a gente, especialmente em comparação com outras pessoas/outras vidas (e tantas vezes inatingíveis, tudo photoshopado ou calculado pra parecer perfeito).

Compra de roupas (ou de acessórios) tem que ser sobre itens que vão render looks na vida real, e que por isso mesmo podem render nossos próprios cenários-delícia ou momentões que a gente vai viver de verdade usando o que comprou. Itens que elevam quem a gente já é, melhoram o que a gente já tem, que valorizam e celebram o estilo de vida que a gente escolheu, não o que estão vendendo no momento.

*- como fazer escolhas certeiras -*

# 56

# Compre por **se identificar pessoalmente** com um designer

- como comprar? -

Toda a oferta do sistema fast fashion é sem autenticidade, diluída em generalização de vontades rasas. A gente esqueceu que tem como se relacionar com a identidade de uma criadora (ou de um criador) de moda como acontecia antigamente.

Mas né, se existem serumaninhos cuidando de marcas autênticas e pensando em produtos, é possível conhecer valores, ideias e inspirações que motivam design e criação — e isso pode ter tudo a ver com nossos valores e crenças pessoais.

Coisa linda, hein?

# 57

Quando comprar, faça disso uma **boa experiência**, um evento especial!

- como comprar? -

E aproveite cada minuto: faça com tempo sobrando (sem correr), escolha deliciosamente, desligue o telefone, esteja 100% absorvida pelo momento. <3

(A diferença entre isso e fazer das compras um hobby é imensa. A gente não compra porque está entediada/triste/com um horário vago, porque precisa de um programa com as amigas e não sabe o que fazer. Compra porque precisa, e daí aproveita o momento.)

- como fazer escolhas certeiras -

# 58

# Se **você pode**, faça suas próprias roupas

- como comprar? -

Um upgrade da regra 11: imagina receber um elogio seguido de um "onde você comprou essa lindeza?" e ter a oportunidade de encher a boca pra responder "em lugar nenhum, eu mesma fiz!". Isso sim é vencer na vida!

\o/

*- como fazer escolhas certeiras -*

# 59

## Na dúvida, **siga sua intuição**

- como comprar? -

Ela é mais verdadeira com você do que a vendedora que tá te atendendo, a amiga que tá te acompanhando, a blogueira na rede social ou a colunista da revista de moda.

- como fazer escolhas certeiras -

# 60

# **Quebre as regras** de vez em quando

- como comprar? -

E não se sinta culpada por isso: ninguém é absolutamente correta ou 100% ética-sustentável-consciente o tempo todo, todos os dias, em todas as ocasiões. É bastante difícil encontrar itens de produção totalmente rastreável, com responsáveis ultraconfiantes de sua procedência e desdobramentos.

Consumir melhor não tem padrão, nem resposta certa ;-) e todo esforço resulta em melhora na relação que a gente tem com o consumo — não só pra gente, mas também pro mundo.

# Conclusão

*A gente é pessoalmente responsável por ser mais ética que a sociedade em que cresceu* — Eliezer Yudkowsky

Sabemos bem que (especialmente aqui no BR) não é nada fácil colocar em prática essas ideias: o algodão das nossas roupas vem de plantações abarrotadas de agrotóxicos, nossas peças coloridas e estampadas devolvem quantidades absurdas de química pra água que é usada no processo, o couro de sapatos e bolsas é curtido com substâncias que infertilizam o solo pra sempre (PRA SEMPRE!), as grandes confecções terceirizam tanto a produção que é quase impossível saber das condições de quem trabalha pra que a gente tenha essas roupas nos nossos armários.

Hoje é quase certo que todas nós estejamos vestindo sofrimento humano e destruição do mundo (em forma de roupas lindas). Mas a gente pode começar a perguntar nas lojas como são e de onde vêm os materiais das coleções, quais oficinas e confecções produzem as peças das araras da loja, onde e como as funcionárias (ou os funcionários) trabalham, de que material é feita a sacola ou as embalagens, com que tipo de transporte as roupas chegam até à loja... Talvez ninguém tenha respostas de imediato, mas essas respostas vão começar a ser buscadas pra ser entregues pra gente (na medida do nosso interesse).

E se a gente passar a só comprar de quem tiver respostas legais, ajustadas aos nossos valores humanos pessoais, aíííí sim alguma coisa maior pode começar a acontecer: só quando as lojas deixarem de ganhar nosso dinheiro é que elas vão fazer algum movimento de ajuste, pra então voltar a ganhar o nosso dinheiro. Entende?

É trabalho de formiguinha e pode parecer pouco eficaz, mas, ó: toda mudança parte de um movimento individual/pequeno pra crescer e ganhar o coletivo — a gente pode/deve fazer a nossa parte como consumidoras.

É preciso continuar conversando sobre consumo responsável e consciente: seja na internet, participando ativamente nos comentários de quem trabalha por essa causa; seja compartilhando notícias com o nosso círculo; seja perguntando essas coisas pras vendedoras que atendem a gente nas lojas (e pedindo a elas que perguntem a algum "superior" caso elas mesmas não tenham respostas); seja consultando fontes que listam marcas que ainda usufruem de trabalho escravo pra lucrar; seja debatendo com as amigas sobre como é difícil abrir mão daqueles vestidinhos irresistíveis de 29 reais em favor de um mundo mais humano.

Quanto mais gente tiver ligada nisso e quanto mais movimento de consumo a gente fizer (realocando o nosso dinheiro pra fazer a indústria se mexer), melhor. É através das compras que a gente escolhe fazer (e em especial das que a gente escolhe NÃO fazer!) que a gente trabalha individualmente por uma realidade com menos desigualdade social e escassez de recursos.

Na consultoria de estilo pessoal, a gente trabalha o não consumismo com interesses muito individuais: é pra facilitar o vestir das nossas clientes na prática, pra evitar guarda-roupa entulhado, pra exercitar raciocínio não voraz, respirado, sem pressa. Isso demanda questionamento, que naturalmente leva a um pensamento mais crítico e a uma atitude nova, diferente. Tem a ver primeiro com roupas, mas né, se estende pra tantas outras áreas da vida!

E aí é inevitável que pensamento crítico + ação (mesmo que pela via do interesse pessoal) esbarrem em questões éticas e de sustentabilidade. É possível comprar menos (só quando for preciso), comprar melhor (com qualidade) e com parcimônia <3 pra incrementar nossos armários, e isso traz vantagens reais no nosso universo particular ao mesmo tempo que impacta pro bem das pessoas e do mundo.

# Agradecimentos

Obrigada, Thabata Neder e Denise Chaer, amigas com quem pela primeira vez a gente teve contato com questionamentos sustentáveis e éticos na moda. Obrigada, Ilan Kow, que falou pra gente em 2016 que só com a metodologia da Oficina de Estilo seria possível fazer acontecer um "irmão" do *Regras da comida* do Michael Pollan (Rita Lobo, obrigada também!). Obrigada, Flavia Aranha, com quem a gente aprende que é possível produzir roupa com atenção a todos os materiais, processos e serumaninhos envolvidos, sem abrir mão da graça e da lindeza. Obrigada, Mari Pelli, pelo compartilhamento de informação importante nos workshops promovidos pelo movimento Roupa Livre. Obrigada, Ingrid Lisboa, por ter ensinado a receita do desodorante de roupas. Obrigada, Flavia Stefani, pela primeira leitura deste livro, com anotações tão preciosas. Obrigada, Juliana Cunha, pela colaboração, sempre. Obrigada, Anna Haddad, pela inteligência compartilhada. Obrigada às nossas clientes de consultoria e às leitoras do blog da Oficina, pela troca, pela expansão de repertório, pelo crescimento.

# Sobre as autoras

Cris Zanetti e Fernanda Resende são consultoras de estilo pessoal. De 2003 a 2018, trabalharam juntas na Oficina de Estilo, onde criaram uma metodologia autoral com foco em autoconhecimento — para obter resultados mais relacionados com a autoestima do que com looks. Essa metodologia também foi aplicada em grupos, atendidos em workshops e palestras, e num curso de formação que profissionalizou mais de trezentas personal stylists.

Hoje Fernanda treina pessoas pra comunicar a própria história no vestir e também na internet, num trabalho de identidade e presença on-line que estende a autoexpressão pr'além do guarda-roupa.

E Cris, com toda essa bagagem, decidiu explorar novas fronteiras e construir a continuação dessa história um dia de cada vez.

TIPOGRAFIA Brown por Lineto

DIAGRAMAÇÃO Osmane Garcia Filho

PAPEL Pólen Bold, Suzano S.A.

IMPRESSÃO Gráfica Bartira, setembro de 2019

A marca FSC© é a garantia de que a madeira utilizada na fabricação do papel deste livro provém de florestas que foram gerenciadas de maneira ambientalmente correta, socialmente justa e economicamente viável, além de outras fontes de origem controlada.